세계를 두려움에 떨게 한 몽골 제국,
고려는 어떻게 몽골과 맞서 싸웠을까요?

몽골에 맞선 나라
고려

이현 글 | 이영림 그림

한반도의 머나먼 북쪽, 중국에서도 한참 떨어진 북쪽의 너른 벌판에
몽골족이 살고 있었어요.
몽골 사람들은 집을 짓거나 농사를 짓지 않았어요.
'게르'라는 천막을 치고 주로 양 떼를 길렀어요.
풀이 부족해지면 게르를 걷어서 가축들을 데리고 다른 곳으로 떠났어요.
몽골 아이들은 걸음마보다 말타기를 먼저 배운다고들 했어요.
몽골 사람들은 바람처럼 구름처럼 떠돌며 살았습니다.

그러던 어느 날, 오논강 근처 깊은 숲에서 한 아이가 태어났어요.
아이의 이름은 테무친이었어요.
하지만 열 살도 되지 않아 아버지를 잃고 말았지요.
테무친은 힘들었던 만큼 강하고 용맹하게 자랐어요.
마침내 몽골의 우두머리가 되었습니다.
칭기즈 칸이라는 이름의 왕이 되었어요.

"이제 우리 몽골이 세상의 주인이 될 것이다!"
"칭기즈 칸 만세! 칭기즈 칸 만세!"

칭기즈 칸의 몽골군은 천하무적이었어요.

몽골군은 빠르고 강하고 또 잔인했어요.

항복하지 않고 맞서는 적에게는 끔찍한 대가를 받아 냈어요.

군사는 물론이고 어린아이들의 목숨까지 빼앗았어요.

심지어 동물들까지 해치기도 했어요.

그렇게 몽골은 세계 곳곳에서 승리를 거두었어요.

큰 나라 중국도 몽골에 무릎을 꿇었어요.

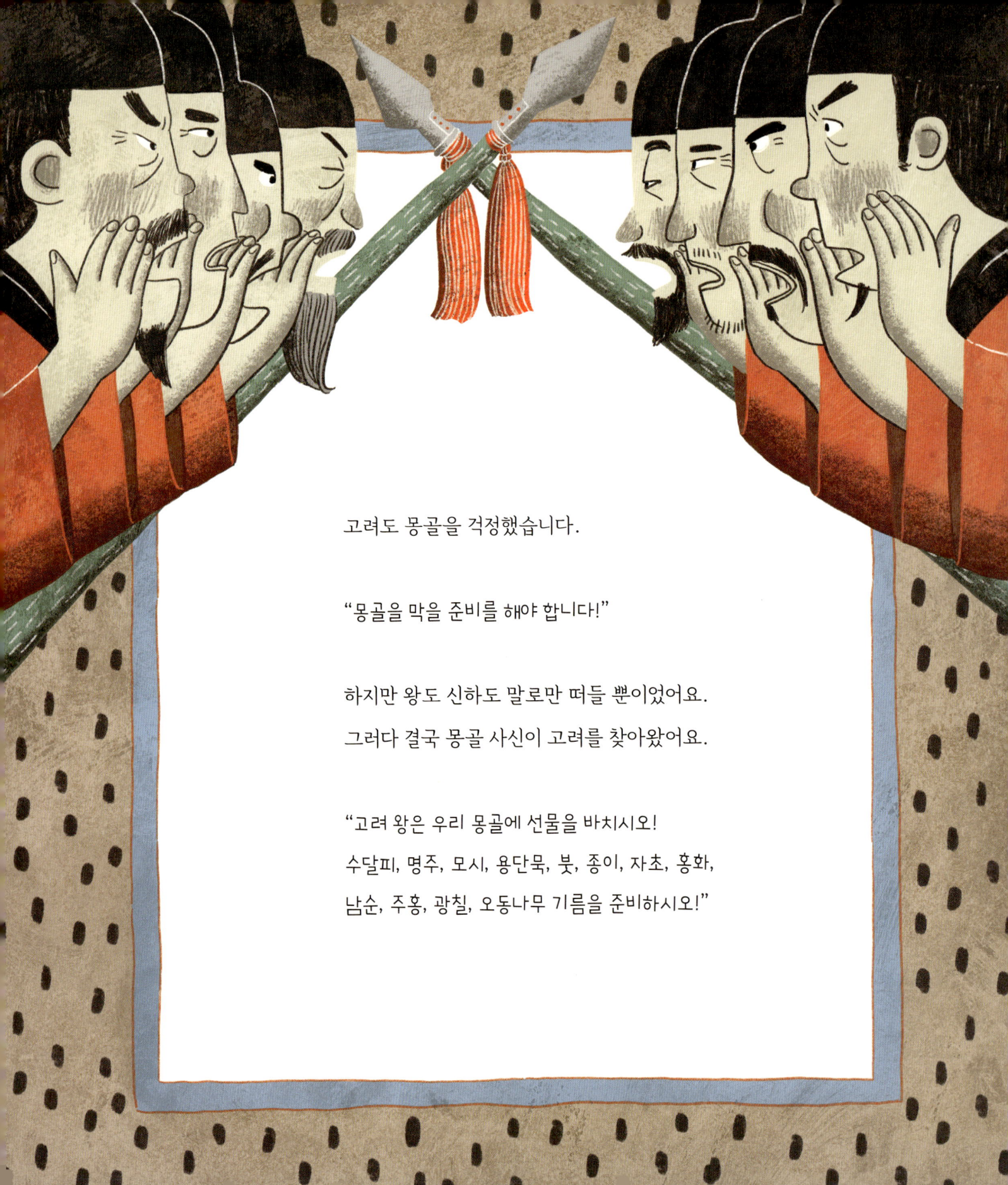

고려도 몽골을 걱정했습니다.

"몽골을 막을 준비를 해야 합니다!"

하지만 왕도 신하도 말로만 떠들 뿐이었어요.
그러다 결국 몽골 사신이 고려를 찾아왔어요.

"고려 왕은 우리 몽골에 선물을 바치시오!
수달피, 명주, 모시, 용단묵, 붓, 종이, 자초, 홍화,
남순, 주홍, 광칠, 오동나무 기름을 준비하시오!"

말로만 선물이지, 강제로 내놓으라는 거였어요.
몽골 사신 저고여는 무례하기 짝이 없었어요.
고려를 아주 우습게 알았던 거죠.
그래도 고려 왕도, 신하도 아무 말을 못 했어요.
몽골에 맞설 힘도, 용기도 없었거든요.
몽골이 요구하는 대로 선물을 챙겨서 보냈어요.

몽골 사신 저고여는 짐수레를 줄줄이 이끌고 고려 땅을 떠났어요.
두둑하게 선물을 받아 냈다는 생각에 우쭐해 있었어요.

그런데 도적떼가 저고여의 앞길을 가로막았어요.
도적들은 저고여와 몽골 병사들을 해치고 고려의 선물을 빼앗아 달아났어요.

이 소식을 들은 몽골 황제는 고려에 책임을 물었어요.

"고려의 짓이 분명하다! 감히 몽골의 사신을 해치다니,
이는 나에게 덤비는 것이 아니냐?
몽골의 용맹한 군사들이여! 고려로 가서 몽골의 힘을 보여 주어라!"

몽골군 3만 명이 고려로 쳐들어왔습니다.

몽골군은 개경 바로 근처까지 밀고 내려왔어요.
그제야 고려 왕과 신하들이 급히 움직였어요.
하지만 몽골과 싸우려는 건 아니었어요.

"개경을 떠나야 하옵니다. 서두르시옵소서."
"강화도로 가는 게 좋겠습니다. 강화도는 개경과 가까운 섬이지만,
물살이 험해서 몽골군이 쉽게 건너오지 못할 것입니다."

왕과 신하들은 개경을 떠났습니다.

백성들도 살림살이를 이고 지고 왕의 뒤를 따랐어요.

마침 비가 억수같이 퍼부었어요. 하늘은 어둡고 땅은 질퍽거렸지요.

사람도 말도 진흙에 발이 푹푹 빠졌어요.

노인들은 쓰러지고 아이들은 울어 댔어요.

왕도, 신하도, 백성들도 쫓기는 토끼 같은 꼴이 되어

가까스로 바닷가에 도착했습니다.

사람들은 여러 배에 나누어 탔어요.

왕도 뱃사공 손돌의 작은 배에 몸을 실었어요.

그러나 강화도로 가는 뱃길은 험하기로 이름났어요.

비바람까지 몰아치는 밤이었어요.

배는 정신없이 흔들렸어요.

왕은 손돌을 의심하기 시작했어요.

"네 이놈! 어찌하여 물살이 험한 쪽으로 배를 몬단 말이냐?"

신하들이 옆에서 왕을 부추겼어요.

"우리를 몽골에게 바치려는 수작일지 모르옵니다."
"과연 그렇구나. 여봐라! 당장 이놈의 목을 베어라!"

손돌이 왕에게 말했어요.

"소인은 이만 떠납니다.
하오니 이제 바가지를 물에 띄우고 그것을 따라가십시오.
그러면 무사히 강화도에 이를 수 있을 겁니다."

왕은 손돌의 목숨을 빼앗았습니다.
그러고는 바가지를 따라 무사히 강화도에 도착했어요.
손돌의 말이 옳았던 거예요.

"이런 부끄러운 일이 있는가!
내 겁에 질려 그만 착한 백성의 목숨을 빼앗고 말았구나……."

왕은 그제야 잘못을 뉘우쳤어요.

왕은 강화도에 성을 쌓게 했어요.
개경 못지않게 번듯한 왕궁도 지었어요.
육지에 남은 백성들은 산으로, 섬으로 도망쳐야 했어요.
가까운 성에 모여서 함께 싸우기도 했어요.
승려 김윤후는 처인성에서 사람들과 함께 몽골군에 맞섰어요.

"강한 적에 맞서 정면으로 싸워서는 이기기가 어렵소.
숲에 숨어 있다가 기습 공격합시다."

이윽고 몽골군이 숲으로 들어서자,
김윤후가 소리쳤어요.

"공격하라!"

슉!
어느 병사가 쏜 화살이 몽골 장군 살리타를 맞췄어요.
몽골군은 허둥지둥 도망쳤어요.

하지만 어쩌다 고려 사람들이 작은 승리를 거둘 뿐이었어요.
몽골군은 마음껏 고려를 누볐어요.
사람들을 몽골로 끌고 가 노예로 부리기도 하고,
함부로 목숨을 빼앗기도 했어요.
남자와 여자, 어른과 아이를 가리지 않았어요.
닥치는 대로 재물을 빼앗고 마을을 불태웠어요.
오래된 절과 화려한 궁궐도 불에 타 버렸어요.
신라의 보물인 황룡사 9층 목탑도 불에 타 사라지고 말았습니다.

오직 강화도만 평화로웠어요.
힘없는 백성들은 몽골에 맞서 싸우는데,
왕과 신하들은 바다 건너에 숨어 있기만 했어요.
그렇게 무려 30년 동안 전쟁이 계속되었어요.
온 고려가 지쳐 갔어요.
백성들은 죽어 갔고, 땅은 메말랐어요.
마을은 폐허가 되었고, 숲은 시들었어요.

마침내 강화도의 왕이 무릎을 꿇었어요.
몽골에 항복하고 전쟁을 끝내기로 했습니다.
왕을 대신하여 태자가 몽골로 떠났어요.
태자가 몽골에 도착하자 몽골의 황제가 사망했다는 소식이 전해졌어요.
이때 몽골 사정에 밝은 신하가 태자에게 알려 주었어요.

"지금 쿠빌라이와 아리크부카가 몽골 황제의 자리를 놓고 다투고 있습니다.
누가 몽골의 황제가 될지 모르니 신중해야 합니다."

태자는 은밀히 알아본 뒤 쿠빌라이에게 달려갔어요.

쿠빌라이는 크게 기뻐했어요.

"당나라 황제도 고구려의 항복을 받지 못했다.
그런데 고려 왕의 아들이 스스로 나를 찾아왔구나!"

곧 쿠빌라이가 몽골의 새 황제가 되었어요.
그때 강화도의 왕이 세상을 떠났다는 소식이 들려왔어요.
태자는 돌아와 고려의 새 왕이 되었습니다.

마침내 긴 전쟁이 끝났습니다.
그 대신 고려는 몽골의 요구를 들어줘야 했어요.

"개경의 왕궁으로 돌아오시오!"

고려 왕을 언제든 공격할 수 있는 곳에 두고 감시하려는 거였어요.
고려 왕은 아무래도 불안했어요.
혹시라도 몽골이 다시 쳐들어올까 봐 겁이 났지요.
결국 고려 왕이 몽골로 가서 황제를 만났어요.

"이제 몽골과 고려는 진정으로 가까운 사이가 되었습니다.
그런 뜻에서 고려의 세자와 몽골의 공주가
결혼을 하면 어떻겠습니까?"

고려 세자 왕거는 몽골의 홀도로게리미실 공주와 결혼했어요.
이때부터 고려의 세자들은 몽골의 공주와 결혼하게 되었어요.
고려의 왕이 몽골 황제의 사위가 되는 거였지요.
고려는 몽골의 사위 나라가 되었어요.

하지만 끝끝내 항복을 받아들이지 않는 사람들도 있었어요.
강화도에 있던 삼별초라는 군사들이었어요.
삼별초를 이끄는 배중손 장군은 왕의 뜻에 따르지 않기로 했어요.

"몽골에 항복하는 자는 우리의 왕이 아니다!"

사실 그동안 삼별초는 강화도에서 왕의 곁을 지키고만 있었어요.
몽골에 맞서 싸운 적은 없었지요.
하지만 항복은 받아들일 수 없었던 거예요.

삼별초는 또 하나의 고려를 세웠습니다.

다른 사람을 왕으로 세우고 몽골과 전쟁을 선포했어요.

하지만 고려군과 몽골군을 막아 낼 수는 없었어요.

삼별초는 강화도에서 진도로, 제주도로 쫓겨났어요.

결국 모두 죽거나 포로로 잡혔어요.

이제 더 이상 고려의 어느 누구도 몽골에 맞서지 않았어요.

몽골은 고려를 함부로 대했어요.
고려의 땅, 고려의 동물과 식물, 고려의 물건,
심지어 고려 사람까지 제 것처럼 빼앗아 갔어요.

"고려의 여인들은 아름답고 지혜롭다. 고려 여인들을 몽골로 데려가겠다!"

아직 스무 살도 안 된 고려의 여인들이 공녀로 몽골에 끌려갔어요.
집집마다 부모들은 밤잠을 설쳤어요.
몽골에 딸을 빼앗길까 겁이 나서 떨었어요.

● **공녀** 다른 나라가 요구해서 여자를 바치던 일.

딸이 열 살만 넘으면 결혼을 시키는 집이 많았어요.
결혼을 하면 끌려가지 않았거든요.

그렇게 몽골로 끌려간 여인들이 무척 많았어요.
끌려가는 여인들도, 그 가족들도 울며불며 발버둥을 쳤지만 벗어날 길이 없었어요.
아무도 백성들을 돕지 않았어요.
몽골의 횡포에 왕도, 신하들도 백성들을 지켜 주지 못했습니다.

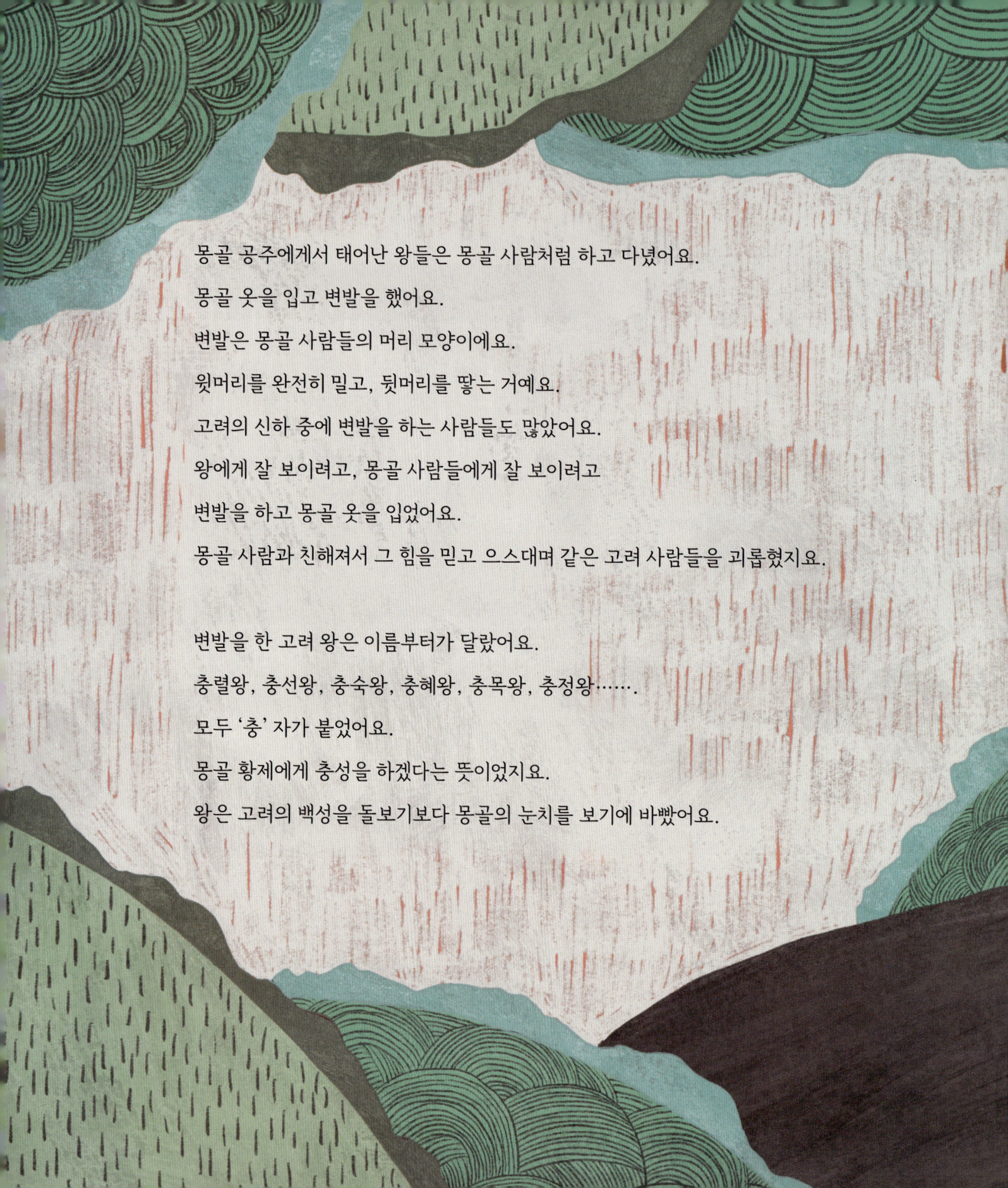

몽골 공주에게서 태어난 왕들은 몽골 사람처럼 하고 다녔어요.

몽골 옷을 입고 변발을 했어요.

변발은 몽골 사람들의 머리 모양이에요.

윗머리를 완전히 밀고, 뒷머리를 땋는 거예요.

고려의 신하 중에 변발을 하는 사람들도 많았어요.

왕에게 잘 보이려고, 몽골 사람들에게 잘 보이려고

변발을 하고 몽골 옷을 입었어요.

몽골 사람과 친해져서 그 힘을 믿고 으스대며 같은 고려 사람들을 괴롭혔지요.

변발을 한 고려 왕은 이름부터가 달랐어요.

충렬왕, 충선왕, 충숙왕, 충혜왕, 충목왕, 충정왕…….

모두 '충' 자가 붙었어요.

몽골 황제에게 충성을 하겠다는 뜻이었지요.

왕은 고려의 백성을 돌보기보다 몽골의 눈치를 보기에 바빴어요.

고려 사람들은 힘든 나날을 보냈습니다.
내일은 조금이라도 나아지기를 기도할 뿐이었어요.
저마다 작은 탑을 쌓기도 하고, 돌에 부처님을 새겨 넣기도 했어요.
석공들이 만든 것처럼 솜씨가 좋지는 않지만, 마음이 담긴 석불이었어요.
어린아이의 그림처럼 소박하지만 고운 마음이 깃들어 있지요.

눈물도 많고 아픔도 많았어요.
서러운 일도 많고 힘든 일도 많았지요.
고려 사람들은 그런 마음을 노래로 부르기도 했어요.
몽골군 따위 없는 깊은 산속을 그리워하는 노래도 있고,
힘든 나날에도 서로 사랑하는 마음을 담은 노래도 있어요.
이별을 노래하는 슬픈 노래가 많았어요.
전쟁으로, 공녀로, 가난으로,
안타까운 이별을 하는 사람들이 많았기 때문인가 봐요.
오늘날까지 전해지는 노래들도 있어요.

가시리 가시리잇고
버리고 가시리잇고
날랑은 어찌 살라고
버리고 가시리잇고

붙잡고 싶지만
그러면 서운해할까 봐
서러운 님을 보내 드리니
가시는 듯 도로 오소서.

몽골도 영원할 수는 없었어요.

중국 땅 여기저기에서 사람들이 힘을 모으기 시작했어요.

그중 한 무리는 붉은 천 조각으로 머리를 싸매고 다녔어요.

사람들은 그들을 '홍건적'이라고 불렀어요.

하지만 홍건적도 몽골을 이기지 못했어요.

몽골군에 쫓겨 고려까지 도망쳤다가 고려군의 손에 무너졌어요.

하지만 몽골은 더 이상 예전의 천하무적이 아니었어요.

황제도, 신하들도, 장군들도 용맹함을 잃은 지 오래였어요.

그때 공민왕이 고려의 새 왕이 되었습니다.

공민왕도 다른 왕자들처럼 몽골에서 어린 시절을 보냈어요.
몽골의 노국 대장 공주와 결혼했지요.
하지만 공민왕은 고려 백성을 위한 고려의 왕이었어요.

"나는 이제 변발을 하지 않을 것이다. 몽골의 옷도 입지 않을 것이다.
고려의 왕다운 모습을 갖추도록 하겠다!"
"몽골에 빌붙어 백성을 괴롭히는 신하들을 모두 내쫓고, 그 죄를 묻겠다!"
"몽골의 힘을 믿고 빼앗은 땅을 백성들에게 돌려주도록 하라!"
"몽골이 멋대로 차지한 땅을 되찾을 것이다.
고려군은 나아가 몽골군을 물리쳐라!"

마침내 고려는 진짜 왕을 맞이했어요.
고려는 나날이 달라졌어요.
새 나라처럼 힘찬 기운이 차올랐어요.

그런데 큰 슬픔이 찾아왔어요.
왕비가 아기를 낳다가 그만 목숨을 잃은 거예요.
몽골의 공주였지만, 몽골에 맞서는 공민왕을 이해해 준 왕비였어요.
공민왕은 왕비를 잃은 슬픔을 이기지 못했어요.
여전히 왕의 자리에 있었지만, 고려를 잊었어요.
고려 백성을 잊고 말았어요.

고려는 힘을 잃어 갔어요.
고려라는 이름을 지킬 힘마저 사라지고 있었습니다.

나의 첫 역사 여행

강화도의 고려

고려 궁터

몽골을 피해 바다를 건넌 고려는 강화도에 왕궁을 새로 지었어요.
40년이나 왕이 머물렀던 곳인 만큼 왕궁도 번듯했다고 해요.
규모는 작지만 그 모습은 개경의 왕궁과 거의 비슷했다고 합니다.
궁궐 뒷산의 이름도 개경을 본떠서 '송악'이라고 할 정도였어요.
하지만 이제는 기둥을 세웠던 기단과 돌계단만 남아 있어요.

강화도의 고려 궁터

강화군 시설관리공단 ▼ www.ghss.or.kr

강화산성

강화산성의 동문

몽골에 맞서 강화도를 지키기 위해 쌓은 성이에요.
둘레가 약 9킬로미터나 되는 든든한 토성으로
왕궁을 비롯해 강화도의 중요한 곳을 지켜냈지요.
몽골군도 강화산성만은 무너뜨리지 못했어요.
그게 몹시 분했는지, 몽골군은 고려의 항복을 받으면서
강화산성을 허물라고 요구했대요.
이제는 토성의 흔적만이 그때의 기억을 들려주고 있어요.

강화군 문화 관광 ▼   www.ganghwa.go.kr/open_content/tour/

손돌목

손돌의 묘

손돌목이 보이는 광성보의 손돌목 돈대

왕의 피난길을 돕던 손돌이라는 뱃사공 이야기를 기억하지요?
그때 왕이 손돌의 목숨을 빼앗은 바닷길을 손돌목이라고 불러요.
손돌목은 강화도와 김포시 사이의 좁은 바닷길로
소용돌이가 일 만큼 물살이 강한 곳이에요.
손돌이 목숨을 잃은 음력 10월 20일에는
어부들도 바다에 나가지 않을 만큼 세찬 바람이 불어요.
손돌바람이 부는 그때부터 겨울이 시작되는 거라고도 하지요.
김포시 대곶면 신안리에는 손돌의 무덤도 아직 남아 있답니다.

고려를 지킨 사람들

몽골이 쳐들어오자 고려 왕실과 귀족들은 개경을 포기하고 강화도로 도망쳤어요.

싸움을 잘하는 병사들까지 모조리 강화도로 데려가 버렸어요.

몽골군은 개경과 고려 곳곳을 마음껏 짓밟았어요.

마을은 불타고 사람들은 쓰러졌어요. 몽골로 끌려간 사람들도 많았지요.

하지만 고려의 백성들은 그저 당하고 있지 않았어요.

남아 있는 병사들은 목숨을 바쳐 몽골과 싸웠어요.

스스로 무기를 들고 몽골에 맞서 싸우는 사람들도 있었어요.

승려 김윤후가 이끄는 의병들은 처인성에서 몽골군에게 큰 승리를 거두기도 했어요.

처인성 전투를 그린 기록화

고려 사람들이 몽골군을 막아 낸 충주성

강화도로 피했던 고려 정부는 김윤후에게 포상을 내렸어요.
김윤후는 자기 혼자 한 일이 아니라고 사양했지요.
이어서 몽골이 다섯 번째로 고려를 침략했을 때 김윤후는 충주성에서
다시 한 번 고려 사람들과 함께 몽골군에 맞서 끈질기게 싸웠어요.
결국 몽골군은 충주성을 손에 넣지 못하고 물러났지요.
하지만 고려 왕실은 몽골에 항복하고 말았어요.
그렇다고 고려의 모두가 몽골에 항복한 건 아니었어요.
강화도를 지키던 삼별초 병사들은 끝까지 몽골에 저항했어요.
강화도에서 진도로, 제주도로…….
삼별초 병사들은 마지막 한 사람이 목숨을 거둘 때까지 몽골과 싸웠습니다.

삼별초가 전라남도 진도에 쌓은 용장산성 터

삼별초가 제주도에 쌓은 항파두리성

글 이현

세상 모든 것의 이야기가 궁금한 동화작가입니다. 우리나라 곳곳에 깃든 이야기를 찾아 어린이들의 첫 번째 역사책을 쓰고 있습니다. 그동안 《짜장면 불어요》, 《로봇의 별》, 《악당의 무게》, 《푸른 사자 와니니》, 《플레이 볼》, 《일곱 개의 화살》, 《조막만 한 조막이》, 《내가 하고 싶은 일, 작가》 등을 썼습니다. 제13회 전태일 문학상, 제10회 창비좋은어린이책 공모 대상, 제2회 창원아동문학상 등을 받았습니다.

그림 이영림

이야기를 품은 다양한 그림을 그릴 때 즐거운 그림작가입니다. 대학에서 회화를 전공하고 영국 킹스턴 대학교에서 일러스트레이션과 애니메이션을 공부했습니다. 그린 책으로 《불과 흙의 아이 변구, 개경에 가다》, 《열려라, 한양》, 《아드님, 진지 드세요》, 《최기봉을 찾아라!》, 《댕기머리 탐정 김영서》, 《조선 과학수사관 장 선비》, 《화장실에서 3년》, 《훈민정음 해례본을 찾아라!》 등이 있습니다.

나의 첫 역사책 11 — 몽골에 맞선 나라 고려

1판 1쇄 발행일 2019년 11월 30일 | 1판 8쇄 발행일 2022년 6월 24일

글 이현 | **그림** 이영림 | **발행인** 김학원 | **기획** 이주은 박현혜 도아라 | **표지·본문 디자인** 유주현 한예슬
저자·독자 서비스 humanist@humanistbooks.com | **스캔** (주)로얄프로세스 | **용지** 화인페이퍼 | **인쇄** 삼조인쇄 | **제본** 영신사 | **사진 제공** 문화재청(강화산성)
발행처 휴먼어린이 | **출판등록** 제313-2006-000161호(2006년 7월 31일) | **주소** (03991) 서울시 마포구 동교로23길 76(연남동)
전화 02-335-4422 | **팩스** 02-334-3427 | **홈페이지** www.humanistbooks.com

글 ⓒ 이현, 2019   그림 ⓒ 이영림, 2019
ISBN 978-89-6591-378-8 74910
ISBN 978-89-6591-332-0 74910(세트)

- 이 책은 저작권법에 따라 보호받는 저작물이므로 무단 전재와 무단 복제를 금합니다.
- 이 책의 전부 또는 일부를 이용하려면 반드시 저작권자와 휴먼어린이 출판사의 동의를 받아야 합니다.
- **사용연령 6세 이상** 종이에 베이거나 긁히지 않도록 조심하세요. 책 모서리가 날카로우니 던지거나 떨어뜨리지 마세요.